JN439060

봄눈 녹듯

제4시집

조 경 화

시원
도서출판

시인의 말

어느 생이라도
시인이라는 이름표가 부끄럽지 않기를 소원한다.

시 때문에 숨 쉬며
지난 몇 년 울고 웃으며 함께 손잡고 노닐던 풍경을
정성스레 세상으로 보낸다.

비록 "봄 눈 녹듯" 다 스며들지는 못해도
번잡한 우리네 마음속
티끌만큼이라도 정화되기를 바라며,
행여 한 줄 느닷없이 봄 눈 만난 듯 반가이
깊은 울림을 염원하면서…

늘 행한 것 보다 많은 것을 돌려주는
시절인연들에게 고맙고
또 고맙다는 인사를 한다.

2017년 5월
금왕골에서 조 경 화

차 례

제2부 / 이승 계산은 엉터리다

제3부 / 시간 속 풍경화

제4부 / 금왕골 연가

제1부

봄 눈 녹듯

꽃 숨

가끔씩
숨결 일렁이면
춥다

생각들이 떠다니다가
묵은 때로 쌓이면
버겁다

연습 할 수 없는 삶
살아가는 것이
기특하다.

세상 머무는 동안

언제라도
서먹하지 않은 사람아
날은 짧아지고
우리는 헤어져야 하고

그렇다면
강에 뜬 별은 건지지 말자

와글와글 시린 속내
댓돌에 벗어 놓고
그냥 놀자.

봄 눈 녹듯

혼미하도록 자꾸 끌어당기더니
진탕 노닐던 시절
온통 호사스러웠던 이야기
아득하다

부풀던 숨 자락
짝사랑이었다.

핑 계

이랬다가
저랬다가

먹먹한 날숨
답답한 들숨
불쑥
그럴듯한 생각이 났다

심장 박동 정상
웃음 자락자락
쯧쯧.

애 착

괜시리
가난한 마음 왜 기웃거리는지

아무리 들춰봐도
딱히 잡히지 않는
소소한 몇 가지
헌데
살고프다니

알아버렸다는 깨달음
부끄럽다.

입 춘

다시금 꽃 핀다는
약속

생을 벗겨내는
질긴 숨결로
돌아왔다.

안개바다

쓸쓸한 풍경들이 하나씩
순백으로 승화되었다

보았던 보려했던
익숙한 감각들이 멀어진다

하늘도 땅도 엉켜버린
이 기막힌 날.

사 진

잠잠한 바람 들썩거리며
살아있었다는 증표

그럴듯하게
찰나 붙잡아 둔 진실
한결같이
웃음 짓는 시절인연

그리움은
시들지 않는다.

사진쟁이

세상 등 뒤에 두고
길 위에 서면
생명줄 탱탱해진다

영원이라는 시간이 허락되는
넓고 높은 곳
바람의 상처까지 선명한
그곳으로 달려가는
숨 자락 싱싱하다.

꽃자리

심장 벌렁거리는
초침과 분침을 자르고
쫓는 이 없고 원칙 없는
거기로 가자

외로움 비늘 돋도록
구름과 노닐다가
바람결 잠방거리면
졸다가 잠들다가
거기서 살자.

꽃 피듯 꽃 지듯

기억 또렷한 어느 2월 이야기를 알고 있다
하루를 열심히
새로운 일상에 조금은 신났고
사람들 속에서 3월을 기다리며
살아있음에 희열을 느꼈다

곤비한 하루에 지쳐가고
모든 이야기는
그때 그랬지로 돌아가고

산다는 것이
이야기를 하나씩 만들어가는 거였다면
하늘 순리대로
어제는 젊었고 내일은 늙어버린 사연을
하나씩 지워야겠다.

먹물로 살았다

휘젓던 가슴앓이
제 무덤이거늘

한 세월 살고야
그렇게 사는 것이 아님을
알아버렸으니

저 혼자
못 견뎌 못 견디는
그걸 어쩌나.

암 or 앎

그 아픔 몰랐다면
어쩜 생명의 달콤함을 잃어버렸을지도
그렇게 위로하자

질긴 명줄의 처절한 투쟁
잘라낸 상처에 새살 돋아나면
어두웠던 마음과 방치했던 일상 모두
특별한 삶이다

세상의 문을 하나 더 통과한 아침
우주만물의 소리가 들리는
신비함에 울어도 좋다
그래 살아있으니 됐다.

무관심에 항거

밥 먹었니
그 한마디 뭐라고
휴대폰 뚫어져라 기다리다가

사랑 무게
가벼이 오르고 내리며
영원이라는 약속
버렸다.

사람아

우리
꽃이었나 보다
시절도 없이
벙긋벙긋 피려했으니

우리
빗물이었나 보다
때도 모르고
젖은 발 첨벙거렸으니

행여
속절없다 해도
이별까지
그리워하자.

살아있네

구석구석
알싸하게 육신 뜨겁다
놓으려다 움켜쥔 정신 줄
빙빙 몽롱하다

한 번씩 으르렁거리는
몹쓸 확인
아프다.

목 발

일렁일렁
긴 그림자

뚝 뚝
땅 짚는 호흡
넘어질라
무너질라

숨찬 맥박
살아야 하는
멍에.

접힌 페이지

애벌레로 둘둘
벗은 허물
이불과 뒹구는
헐렁한 일상

온 몸 세포들
본연의 할 일을 잊어버렸다

딱딱한 석고에 갇혀
진화하지 못하는 육신
울렁거리는
또 하루.

내일은 괜찮다 • 1

– 2013년 11월 21일

한쪽을 무거운 석고로 봉했다

지워버리고 싶은 기억은
버석거리는 슬픔으로 아프다
어이없는 몰골만큼이나 피폐한 영혼
그날을 탓하고 싶다
초겨울 임진각 하늘에 날아가는 철새에게
시선을 빼앗기다가
경솔하게 방심했던 찰나의 엄청난 결과
뭔가에 걸려 넘어진 허약한 육체의 고통
황망함과 저리도록 뼈아픈 후회
너무 갑작스럽게 비현실적으로
왼쪽 다리가 굳어가고 있다
잠에서도 두 발을 확인하며
모든 삶이 엉망으로 정지 되었다.

내일은 괜찮다 • 2

뭔가를 잃으면
뭔가를 보상으로 받는다

활동을 멈춘 눈이 닫히고
심심한 귀가 스멀거리면
시간이 오는 소리도 가는 소리도 듣는다
어쩌지 못하는 최선책 기다림
전부를 가질 수 없는 인생
신이 허락한 휴식으로 마음을 정리한다

느리게 지켜보는 시간에는
지나쳐버린 소중한 것이 많다

머물러 있으면서
멈출 줄 아는 혜안으로
생명체의 신기한 힘을 믿으며
생각의 흐름에 쉼표를 찍는다.

긴 겨울잠

고통과 타협했다
두터운 책장을 넘기다가
접어놓은 이야기로

조각난 무릎의 뼈가 붙어서 걸어가는 날
조금 더 성숙한 인간으로 소통하리라
늘 그러하듯
허나 조금은 다르게

비껴가는 삶
낯설고 불편하지만 조급하지 않게
인내하며 치유를 기다린다
시간몸살이 더 괴롭지만 괜찮다
외롭지 말라고 종종 눈도 내려주고
이만하길 다행이다.

콩깍지

넘실거리는 보고픔
내 새끼들

그런 날이 있다
유난히 외로움이 많은 날

그냥 이라는 이유로
혹여 올려나 기다려지는

오늘은
아무도 오지 않았지만 상관없다

그냥 이라는 이유로
내일 더 사랑할거니까.

귀 로

있어야 할 때와 가야할 때가
스치듯 마주하는
또 한 번
아무것도 탐하지 않았다

사치스런 감정이 기억하는
꽃이라 불렀던 날
충분하도록 살았다.

묵 언

한자락 바람이 스쳐갔다
둥그렇게 허위의 삶들이 부풀다가 간
뫼자리
말간 햇살 한 줌 넌지시 채워주었다
따뜻하다.

제 2 부

이승 계산은 엉터리다

그대에게

사랑이여

작별
그 마지막 숨결은
결핍 채우는
충만함으로

그곳에 닿기를.

4월 7일생

빈 들판
푸르르 채워지면
허물 벗듯 술렁이는 계절병

아직 생은 남아있고
어쩌지 못하는 역마살
뱀띠 탯줄.

이승 계산은 엉터리다

때때로 견뎌야 하는
불공평한 방식

다 온 듯
꽉 찬 듯 열어보면
반복의 미로

목숨
줄넘기하다가
어지러워 멈추면
그 뿐.

그게 사는 거야

꼭 곁이 아니어도
똑같이 나이 먹으며
살아있으면 되는 거야

부질없는 욕심
어떠했다 해도 지나가고
별거 아니 듯
그렇게 또 괜찮아지고

원래 혼자였던 우리가 인연이라 부르던 거리에서
만나고 헤어지다가 가끔씩 그립다 말할 수 있도록
살아있으면 되는 거야.

윤회의 꿈

운명을 환하게 부여잡고
모두 벗으로
너를 사랑으로

그리도 부러워했던 풍요를
여유로운 허용으로

꼭 한 번
삶에 업혀
천천히 살고 싶다.

유효기간 지났다

그리 아프도록 징징거리려면
뭐라도 하나쯤은 잡았어야지

여러 번 허락되지 않는 기도
절절히
하늘에 닿아도
봄 날
안 온다.

공허의 무게

힘들다고 투덜거렸던
어쭙잖은 핑계
먹고 살기 바빠서

다시금
찬란한 핑계
등짝에 메고
뛰어봤으면.

옷걸이

살비듬 털어내고
먼지 날려 보내는
마무리 의식이 끝났다

형형색색 광대의 몸짓대로
간조로니 줄맞춰
제자리로

고단한 흔적들 잠드는
무탈한 하루
다행이다.

그립다는 것이 아니다

그때그때는
오늘을 강물에 헹궈 쓰는 줄 알았다

내 하늘을 더듬으며
스치는 인연 가벼이
꽃 인양 웃으며 작별했다

수선스런 삶
땟국 절은 세월 기워 쓰면서
조금씩 지쳐가고
조금씩 외로워지다가
혼자가 됐다.

여행자

스쳐간
억 겁의 옷깃

선한 눈빛이 좋았다

얻는 것으로 하루를 연명하기 보다는
잃는 것으로 내일을 기다리는
남루한 신발에 밟히던 방랑

무엇이 궁금해서
하늘수레에서 내린 것일까.

불량 부메랑

돌아온다는 약속
헛바람
꽃나비 춤추다가

먼 길
몽유도에 갇혔다

갈 곳
잃었다.

젊지 않다는 것은

젊지 않다는 것은
세상이치가 평등해졌다는 것이다

존재하는 모두가 애틋하게 다가오며
궁금한 것들의 답도 알고 있다
의무와 규제의 속박에서 벗어나
아무도 탓하는 이 없다

젊지 않다는 것은
자유로운 삶을 포상으로 받은
마지막 특혜다.

작은 것에 큰 의미

무심히 지나치던
자동차 백밀러 경고문
사물이 보이는 것 보다 가까이 있습니다

매일매일 받는 경고장
죽음이 생각하는 것 보다 가까이 있습니다

알고 있었다는 오만함
몰랐었다는 미련함
살아있는 것도
죽어야 한다는 것도
계산 어렵다.

死 月

— 세월호 참사

짧은 나들이
이승 눈부처로 남기고
하르르 피어나던 꽃들
꽃비가 되었다

어찌하리
어찌하리
소용없는 아우성

해맑던 웃음 아까워
살아있음이 미안해지는
잔인한 세월호.

본 것을 말하라면

물수리가 자유를 찾아
하늘 높이 오르듯
장례식장 사진 속에서
당신은 웃고 있었다

죽는다는 예정된 행로

멍으로 새겨져 아픈 것은
더 살아야하는 만큼
나머지 몫으로
그리움이 되었다.

멍청한 자유

느리게
마음은 더 게으르게

내일 또 내일
짧아지는 생

이쯤에서는
집착을 벗어 가벼이

괜찮은
진짜로 살고 싶다.

정직하게

다른 이유로
아직 기다리는 것이 있다면

하찮은 집착으로
상실했던 어제에게 고백하자
정말은
살만 했었다고

또, 라는

또, 하루
어제와 다른 오늘
같은 듯 아닌 바람의 냄새

또, 라고
특별한 밑줄을 긋는 것은
채워지지 않은 절실함 때문이다

지금
무엇이 또, 찾아왔다면
그건 기적이다
욕심껏 살아보라는.

졸혼에 대하여

결혼을 졸업한다
낯선 단어가 솔깃하다

이제부터는
쌓인 찌꺼기 삭혀가는 묵은 감정
말끔히 비워 버리고
긴 세월에도 깨우치지 못한 약속
사랑은 지켜주는 것이라는 숙제를 끝내자

조금 서툴고 어색해도
인연의 문을 통과한 연인으로
너에게서 나에게로 되돌아
편안히 등 기대가며

남은 생
살아가면 좋지 않을까.

카드 명세서

지난달에 뭔 짓을
총액에 놀라 차근차근 짚어도 정확하다
멀쩡한 휴대폰 바꾼 거 고작 한 달
홈쇼핑에 홀려 옷 사고 계절 껑충
좋다고 먹은 점심값 두어 번
그렇고 그런 것들
지질한 세상살이

돈 많은 부자였다면
이까지 것
그래 상상은 참 풍족하다.

감기약

으스스 추워지는 날
알약을 삼키고 물을 마신다
서늘하게 목구멍 중간쯤 돌다가 싸한 배앓이
온 몸으로 퍼지는 중독성 안도감
언제부터였는지 감기증상을 닮았다는 스스로 처방전
그만하기를 바라는 묘책은 가끔 그런대로 지나가고

다시 추워지는 날
육신이 아닌 마음인 줄 알면서도
미련스레 알약을 찾는다
요행을 바라는 주술로.

늙지 마라

무엇을 찾아서
어디로 가려 했을까
기억조차 가뭇없다

눈부시도록
눈물겹도록 찬란했었을
지키지 못한 맹세

꿈에서도
꿈인 초록의 시간
누구였든 이제부터는
화려한 수식어가 무의미하다.

삶이 편안하다

— 初老期

그렇게 많은 날들
혹독히 참아낸 슬픔들
모두 지나 간 것이다

이제 부터는
만조처럼 차오르던 근심 버리며
오래 살아야 부여받는 세상

하루하루
하늘 계율 순종하며
걱정일랑 입김보다 가벼이
이별하는 날마다
자유롭다.

긴 안부를 전한다

햇살 눈부시게 좋으면
그거면 됐다

삶,
길다
몸도 마음도
너무 아프지는 말기를.

제3부

시간 속 풍경화

응 시

바람을 먹은 빨래들이
욕심의 량만큼 부푸느라 소란스럽더니
바쁜 햇살
노을도 없이 가버렸다

어두워가는 마당
껍데기들이
어정쩡 구천을 돌고 있다.

이월 스무 아흐렛날

눈꽃으로
하얗게 흔적을 덮으며
쉬어가기를 청하는 사랑이여
나부시 스며들어
머물다 가소서

밤 지새워 새 날
징징 보채던 바람
짓궂게 숫눈길 지나가고
무채색 흔드는 태동
봄이라.

무 죄

봄 만난 나비
노란 꽃
빨간 꽃
양다리 연애 중

자존심 버린
하얀 꽃
해별쭉 기다리는

춘정 몸앓이
무죄다.

우리 커피 마시자

홀로 버티는 우주에서
외롭다는 핑계 필요할 때
우리 커피 마시자

첫 만남인 듯 뜨겁게
마지막인 듯이 아껴가며
진하고 향기롭게

우리 잠시
서로의 안식처가 되어주자.

커피중독

뜨거운 맹독성 열망

널 품고
검은 입김에 묻히는 감탄사
지독한 중독

시도 때도 없이
달큰한 위로 갈망하는 너
유죄다.

여 행

신이 허락한 자유
알 수 없는 수수께끼
어디라도 좋다

안달 부리지 않는 며칠
육신은 방랑자로 환생중이다

옛날 옛적
어쩜 내 것이었을
왕자님 기다리는 궁전으로 가자.

료칸 텐세이엔

— 하꼬네 천성원

유황이 녹아있다는 노천탕
뜨거운 물속에서 나신으로 하늘에 오른다
일상에서의 해방감
애초 천상의 여인이었을 우리
어찌하여 지상으로 쫓겨났다 해도 좋은
온 몸 나른해지는 쾌락

탯줄 붙들고 따라와
발그레 웃는 딸이 너무 예쁘다
이리 아름다이 살던 삶도 있었다고
오늘밤 전설을 만들자
이렇게 좋은 날.

그리스인 조르바

야성의 영혼을 가진 사나이
먹고 마시고 노래하고 춤추며
사랑하는 본능에 충실한
그대가 좋다

시간을 거슬리며
태동하던 순수한 몸짓으로
지친 생 다독여주는
그대가 있었으면 좋겠다.

* 그리스인 조르바
니코스 카잔차키스의 장편소설 *

someday

가랑비 오는 날
유행가 가사 따라
기막힌 사랑 하나 찾아왔다

부활하는 그대
비련의 열애
마지막 노랫가락에 끝나버리고

차마 못한 말
아직도 말할 수 없는 그 말
참 가난하다.

꽃 같은 사람들아

— 소록도에서

아픈 사연 무성한 거기
검시실. 감금실 혹독했던 울부짖음
아직도 억울한 넋들의 하소연 맴돌아
알싸한 슬픔보다 짙은 전율로 춥다
단종대 위에서 청춘을 거세당하고
죄 없음이 죄가 되어
삶을 빼앗긴 피맺힌 절규
늦었지만 속울음 함께 통곡한다

상여꽃 인생아
윤회하는 다음 생
향기로이 빛나는 사람이리라
오소서 아름다이
내 사랑으로도.

바람의 언덕에서

첫 풍경 마음을 뺏기고
거센 파도소리 정신 줄 놓치고
아득한 찰나
먼 길 돌아 휴식하는
바람의 품에 안겼다

가슴 무너지는 삶이라 해도
이 바람 견딘다면
인간사 별거 아니라고
세차게 들끓는 여기서
덥석 봄을 건졌다.

인 생

활짝 웃는 노무현대통령
8년만에 다시 거리 현수막으로 나부낀다
삶도 죽음도 하나다
원망도 마라
미안함도 마라
처절한 갈등에 숙연해지던 유서
어둠 걷히기 전
홀로 산길 오르던 시린 마음
자꾸 뒤돌아보고 싶었을 그 발길
지금은 위로 받았을까

다 가져보았어도
다 잃어버린다는 정답 없는 인생

2017년 5월 23일
죽은 사람은 추모식 인파로
산 사람은 구치소 구경꾼으로
착한 민초를 헷갈리게 한다.

백일홍

가없다
더운 가슴 열어 보이는
붉은 넋이여

홀로
그리메
핏물 떨구지마라

뉘라
머문들
깊은 정 마를까.

윤구월 閏九月

— 2014년 9월

182년의 기다림
해는 천천히 넘어가고
달무리 찬연하다
넉넉하게 머무는 계절

욕심껏 더하지도
함부로 비워내지도 않으며
딱 그만큼 바득하도록
두 번의 구월

맞물리지 않는 시간
느리게 살아도 괜찮다는
하늘 배려이다.

Selfie

내가 나를 찍는다
애써 짓던 가식의 미소 지워내면
대부분 별로 예쁘지 않다
진실은 늘 남루한 것이 정답이지만
누군가 보기 전
스스로 삭제를 선택하는 편리함도 있다
앞으로 문명은 더욱더 진화해서
솔직한 생각이 영상으로 표출되는
신기한 뭔가가 나타난다면 어떨지 궁금하다
시시각각 갈망하며 복잡 미묘한 마음속
인간은 자신을 감출 때가 제일 정상 아닐까
철커덕 비밀의 문이 열리고
꽁꽁 감춘 내밀함을 들춰내고 밑바닥을 보여준다면
발명품은 불량품이라 버리면 될까
그나마 분장술 앞세운 얄팍한 심리
지금 살아있다는 확실한 증거
셀카 이거면 됐다.

구닥다리

수십 년 손때 반질거리는 추억
새 집 이삿짐에서
졸지에 천덕꾸러기가 되었다
폐품딱지 붙이다가
한참을 망설인다

사람은 늙고
물건은 낡고
닮은 꼴 운명 같기는 한데

함부로 버릴 수 없는 사람
구닥다리가 아닌
귀한 존재 맞지
다행이다.

낡은 사진첩

초등학교 입학식이라니
상고머리 계집아이는 큼직한 콧수건을 달고
그 시절 그랬지
나란히 사내아이 눈망울은 맑다
오염되지 않은 순수도 남아있다니
헌데 아쉽게
어떤 어른이 되고 싶어 했는지는 찍히지 않았다
사진 속 그 아이에게
지금 모습을 보여준다면 만족스러워할까
시간을 돌려 퍼즐로 메워보지만
너무 많은 걸 잃어버렸다
옛날이 멀리서
순하게 웃고 있다.

오월의 꽃

거리거리 넘치는 카네이션
모두 드려도 부족한 은혜입니다

한 없이 선하고 진실하셨던
당신들의 넓은 품은
참 따뜻했습니다

뭐라 이름 붙어진 날
그립고 그리워서 눈물로 헤매다가
시들어버린 꽃송이
강물에 띄워 보냅니다

아버지 어머니 사랑합니다.

기억그물

여우비에 얇은 옷 적시고
물방울 몇 알 후두둑
포르르 흙냄새

비 만나면
왜 엄마를 부르며 뛰었을까

이제는 소낙비 맞으며
모퉁이 돌아도 엄마가 없다
어디로 가셨을까.

꼬마와 자동차

장난감 자동차로
꼬마가 자꾸 발을 넣습니다
걸음마 한 발 기우뚱
자동차는 굴러가고
꼬마는 기어서 갑니다

불가능이 없는 세상
순수만 존재했던 마법 풀리면

꼬마는 진짜 자동차를 타고
오묘하고 진실했던
그 모습 그대로
인생이란 길을 여행하다가
지구의 주인이 될 것입니다.

꼬마와 콩순이

조그만 손에서 공이 데굴데굴
손보다 더 작은 네 발이 쪼르르
둘이라서 행복합니다

"콩숭아" 오빠가 집 맹글어줄게
빨갛고 파란 블럭에 와르르 넘어지며
까르르 햇살 같은 웃음
꼬마는 위대한 건축주입니다

먹어 봐
아이스크림 냉큼 건네주며
콩순이 한 입 꼬마 한 입
세 살의 순수가 창조하는 세계입니다

야아 할미의 천둥소리
평화는 날아가고 강아지는 숨어버리고
어질러놓은 유토피아 풍경 위로
꼬마의 눈동자에서 톡 톡 별들이 떨어집니다.

골동품

버릴까
말까

빗장 너머 삐죽이
녹슨 이야기
시들지 못하고 있다

지나간 것이
그립다는 것이 아니다

세월만
닳지도 않고
내치지도 못하게 하고 있다.

— 양평문인협회 제2회 백일장 대상 수상

우리는

신이 허락한 날마다
싱그러운 초록나무에
일편단심 분홍의 꽃잎이 열리고 있다
무궁 무궁한 무궁화
매일매일 경이롭게 피고 피어나면
이 땅에서 부지런하고 착하게
욕심껏 누리라는 자유로움 족하다
어떤 것에도 걸림 없이
무궁화 그늘에서 안식하며
늘 품어주고 감싸주는 대한민국
흙으로 돌아가도
다시 또 살고파라
영원한 내 나라.

– 산림청 공모 무궁화문학상 수상

소꿉장난은 아무 때나 못한다

꿈은 복잡해지고
집은 넓어지고
내 것이 아닌 걸
하얀 도화지 까맣도록 채우고
아직도 미완성

어리석은 자맥질
소꿉동무
순수를 잃었다.

제4부

금왕골 연가

금왕골 연가

하얀 햇살
향기로운 꽃망울
매일 꿈꾸듯
웃어야지

푸르른
바람의 속삭임
그 앞에서는
다정스레 춤춰야지

붉은 달빛
황홀한 밤에는
심장 들끓는 땅의 온기로
그대랑 살아야지.

금왕골길 • 28

여기서는
아직 유효하다면
탄식하던 하늘 가까이
부대끼며 아프다가 치유되는
꽃등 하나 걸어도 될까.

바람이 운다

바람이 운다
달빛도 휘엉휘엉 운다

잡히지 않던 얼굴
억센 심장박동으로 휘몰아치는
바람을 봤다

어둠보다 더 어두운 세상을 업고
풍장 되어가는 신령들
새의 심장으로 꽃의 자궁으로
그 울음 흩어지며

그날 밤
저마다의 껍데기를 벗은 우주는
바람으로 환생 하였다.

금왕골 눈 내리면

빈 들판에 눈 내리면 황홀하다
눈 내리는 고요
눈 날리는 정적
눈 밟히는 절규

숫눈길에
삶의 상처 치유 받으며
그냥 이대로도
살 것 같다.

이월단상

흙과 물이 얼음이 되었다
움직이는 것이 정지되었다

겨울 늪에
아직 남아있는 계절
참 길다는 생각도
지루하다.

삼월 초닷새

봄비다
물음표로 뒤집기 하는 계절

여리게 수줍은 듯
아릿아릿 숨 멎을 듯
무슨 꽃 피우며 한바탕 놀까
이왕지사
요사스런 눈웃음 좋으련만

은밀한 비 냄새
봄 성급하게 넘치고 있다.

첫 봄

우르르
파르르

냉이꽃 하르르
조팝꽃 다다닥

오롱오롱 애기 새싹
조롱조롱 애기 포도

우와
와아
여기는 신세계 금왕골.

유성 떨어진 밤

– 2016년 8월 12일

고개가 꺾이도록 하늘을 봤다
눈물 나도록 오래오래
벌어진 입 속으로
별 하나
뚜
우
욱

꿀꺽
별 똥 먹었다
내 안에
별 살고 있다.

우주쇼

— 2017년 2월 3일

겨울 밤하늘에
반가운 쌍성반월 현상으로
달과 화성과 금성이 함께 떴다

나란히 줄 맞춘 고적한 동행
지구 설레던 밤
귀한손님 맞이한 기억
오래오래
찬란하게 빛날 것이다.

당 신

따스한 숨결로
어여삐 놀다가자

가끔 투정부리며
서로 다독거리며
이 생 인연 끝나도록

너무 그리워
윤회의 수레에서 내리고 싶은
그런 사랑으로.

부 부

당신이 아프다
수술통증과 열병으로 괴로워할 때
죽음이라는 두려움을 만지며
나는 무섭다

허우적이는 소용돌이에서
생을 건져 기워 입힐 수 있다면
아무것도 욕심내지 않으련만
너무 두렵다

당신이라는 단어가
이리 귀하고 높았나.

묘목을 심으며

햇발 좋은 삼월 스무날
늙은 아비가 정성껏 어린나무를 심는다
여러 해 지나 꽃피고 열매 맺히면
노부부 이야기 거리여도 좋고
달달한 과즙의 기쁨이어도 좋고
함께 웃어주는 자식이면 더 좋겠다고
아픈 허리 희망으로 참는다

푸르고 푸르게
마당 가득 생명의 몸짓
봄이 웃고 있다.

금왕골 산책

뒷짐을 지고 숨통 쭈욱
굽은 허리 짝 펴면 풍경 모두 내 것이다
뻐꾸기 동네방네 요란스레 소문내고
민들레 앞장서서 길동무 청한다
야트막한 고갯길
심심해진 깍지손에 바람이 업혔다
어부바바람 힘들지 말라고
둥둥 밀어주고 밀려가다가
산꽃 들꽃 궁금증에 뒷짐 풀어지고
나비 짓 걸음
자꾸 봄 속으로 간다
따뜻한 날이다.

양동역에서

시간표대로 청량리행 기차를 타고
칙칙폭폭 소리 그리워했던 시절로 간다
낭만의 방랑객으로 떠나는 시간여행
창 빛 선로를 따라 오가는 풍경에
소소한 그리움들이 살고 있다

노을 내리고 어둠 짙어지면
태양이 달군 흙냄새 그대로
숨쉬기 좋은 양동역에 내리고
거센 바람 놀라워도
생그레 달빛 길잡이 삼아
금왕골로 간다.

시간이 무색하다

애달프도록 짧은 해가 지고 있다
하늘이 빛을 잃어가고 놀란 구름
아직 거두지 못한 시간은 황금색 점으로
구불구불 급한 노을에 묻혔다

해질녘이란
서서히 어둠이 내리고 거리에 등불이 걸리고
바쁜 걸음들 소리도 있어야 하건만
금왕골 여기는
오직 고요만이 살고 있다
별도 달도 없는 조화로움 사라진 태초의 세상
까맣게 늪이 되었다
12월 18일 오후 5시 40분
하루가 끝났다.

어젯밤 내린 눈

차디차서 울어대던 대지는
폭신한 이불 덮고 잠잠해지고
겨울 숲의 생명들은
사락사락 눈 내리는 품에서
날개 짓 접고 잠들었다

어젯밤
우주만물을 잠재우는
고요의 소리도 흰 빛이었다.

금왕골 사람들

친하게 지내는 이웃이 생겼다
반장집 아랫집 건넛집

주민들과 첫 만남
동지라고 반장집에서 팥죽 잔치를 했다
김장 걱정을 하며 큰김치통을 선뜻 주던 큰 손
반장은 동갑이라 그렇게 친구가 됐다
건너 갯가집은 서울서 내려와 이야기가 통하는
나보다 나이가 많아 형님이다
집에서는 마주 보이지만 길은 돌아가야 해서
가끔 큰 소리로 담장너머 안부를 전한다
그리고 아랫집 영례씨
제일 가까운 이웃이고 원주민이고 제일 친하다
나이는 아래지만 늘 시골생활에 도움을 받는다
부추농사가 주업이라 겨울 빼고는 바쁘다
꽃을 좋아하는 부지런하고 착한 심성이다
금왕골 사람들은 늘 웃으며 산다
조급하지 않게 있는 그대로 누리며 산다.

금왕골 이야기 • 1

꿈꿔오던 자기만의 삶이 있다면
세상의 호사스러움과 번잡함을 즐기지 않는다면
금왕골 여기다
살아오느라 힘들고 고단했던 몸과 마음
치유하며 편안한 숨쉬기
진짜로 사는 법을 터득하기 딱 좋은 곳이다

겨울 한 철 무료함과 외롭다는 생각도 들지만
무채색 풍경에 눈이 내리면 황홀하다
새로운 느낌 햇빛 달빛 바람과 얘기하며
우주의 신비로움도 만난다
도시에서 볼 수 없었던 맑고 큰 별빛에 반해 울컥
울고 싶기도 할 만큼 아름다운 날도 많다
무엇을 경험하든 말로는 부족하다.

금왕골 이야기 • 2

봄이 오면 금왕골은 지상낙원이다
죽은 줄 알았던 노란 수선화가 피어나고
각종 과실나무에 꽃피고 살아있음에 감사하다
아무렇지 않았던 것들을 참 별나게 어루만지며
하루가 바쁘다
자연의 법칙대로 순종하는 땅의 생명들
햇살 내려앉으며 아무도 모르게
앙증맞은 꽃 점 무상으로 키워주고
텃밭에는 건강한 먹거리가 가득하다
이 기막히게 아름다운 날들
작고 예쁜 야생의 잡초와 들꽃과 눈 맞추며
뻐꾸기 새소리 음악으로 커피 한 잔을 마신다
비 내리는 날에는 낭만에 젖어
가끔씩 한 줄의 시도 써 보고
도시의 친구들 불러 시골 자랑도 하면서
산다는 것은 말로는 부족하다는 것을
체험으로 느끼며 살고 있다
축복이다.

어마무시한 사랑

생애 최고의 생일카드를 받았다

"외할머니 저 윤식이예요
우선 진심으로 생신 축하드려요
항상 건강하시고 행복하세요
제가 옆에서 항상 도와 드릴게요
힘들면 제게 기대세요
지금껏 저를 돌봐주시고 사랑으로 지켜주셔서
너무너무 감사드립니다
제가 진짜진짜 너무너무 어마무시하게 사랑하는 할머니
오래오래 사셔야 해요
제가 장가가는 것도 보셔야죠"

설레임으로 기다리던 첫사랑
태어나는 첫날 입맞춤으로 맹세한 영원한 짝사랑이다
이미 자라면서 많은 기쁨을 받았지만
삐뚤삐뚤 쓰던 카드가 아닌 벌써 초등학교 5학년
자신의 감정을 담은 이번 카드는 잘 살았다는 감동이었다
어마무시한 사랑 언제까지인지 몰라도 행복하다.

엄마라는

하늘에서 천사를 보내주셨단다
엄마라는

정성으로 할 일을 마치고 나면
하늘에서
내 자식들이 그리워하는
엄마라는 이름으로
진짜 천사였으면 좋겠다

슬프지 않도록
언제나 웃게 해줄 수 있는.

소 망

햇살이 좋아 빨래를 했다
천연스레 흔들리는 껍데기에서
어제 흔적을 지워 낸
깨끗한 냄새가 난다

그날도
오늘처럼 좋은 날
한 생 말갛게 씻어버리고
느럭느럭 구경하며
건너가고 싶다.

작품 평설

방지원, 김창동, 여도현, 손희락,
이늦닢, 정종명, 김송배.

사랑스럽고 자유로운 영혼의 시인 조경화

방 지 원
(시 인)

네 번째 시집 “봄 눈 녹듯” 출간을 축하 한다.

조경화 그녀는 시인이지만 사진작가로도 활동을 한다. 처음엔 어느 편에 더 비중을 두는지 몰랐었는데 역시 시인으로서의 역할을 더 잘하는 것 같다.
해마다 시집을 내고 그림을 그리고 사진을 찍고…
그 거침없고 왕성한 창작력에 놀라며 넘치는 예술가의 열정이 마냥 부럽다.
2010년에 첫 시집 『시간 속 풍경을 그리다』를, 2011년에 두 번째 시집인 『탯줄 마르던 시간』 사진시집을, 2013년에 세 번째 시집 『외발뛰기』를 상재했다.

시인은 모름지기 많이 읽고, 많이 생각하고, 많이 쓰라는 교훈처럼 조경화 시인은 길지 않은 시간에 참 부지런히도 썼다.

또 여러 예술부문에 고루 지닌 재능과 감성을 부단히 갈고 닦아 결과를 아름답게 만들어낸다. 또 그녀는 긍정적인 삶과 반짝이는 창조의 힘, 그리고 인연을 특별히 소중하게 생각하는 고운 심성을 가졌다. 그리고 세상을 사는 지혜도 시작(詩作) 못지않아서 큰일을 처리하는 능력 또한 뛰어나다.
타인들에게서 특히 선후배 동료들 간에 자상하고 착한 시인이라는 평판이 저절로 이루어진 것이 아니라고 생각한다.

조경화 시인은 서구적인 멋진 몸매와 예쁜 미소를 가진 미인이다. 미인은 좀 까칠하다는 말과 달리 성격도 좋다. 어려서부터 집안의 막내둥이로 자랐고, 결혼 후에도 남편의 사랑을 듬뿍 받고 살아서 인가보다.
그녀의 자녀들 또한 빼어난 외모를 지닌 재원으로서, 사회의 중추적인 자리에 있다고 알려져 있다.
참 복이 많은 여인이다.
그래서인지 그녀의 시편들은 따뜻하고 정감이 넘치는 서정성 깊은 시들로 가득하고 점점 시력이 깊어짐이 엿보인다. 첫 시집 『시간 속 풍경을 그리다』의 시 「남편이라는 이름으로」에서 인생길을 동행하는 부군의 지지와 사랑을 애틋하게 그린 시를 읽고 무척 감동을 받았다.

세 번째 시집 『외발뛰기』에서도 자신의 삶을 돌아봄과, 부모에 대한 그리움과 가족 사랑을 썼다.

이번에 조경화 시인론을 쓰기위해 세 권의 시집을 다시 꼼꼼히 읽으면서, 전에 생각했던 그녀에 대한 시인으로서의, 여인으로서의 모습을 더 확실히 알 수 있었다.
그녀는 사랑스럽고 자유로운 영혼을 지닌 시인이다. 진실하고 맑고 심성이 고운, 현세와 내세의 섭리를 깨달아가는 현명한 불교 신자이고 사랑 가득한 가정의 주부다.
특히 두 번째 사진시집 『탯줄 마르던 시간으로』에서 '사랑앓이' 연작시 14편과 '사랑앓이 끝내기'까지의 15편은 우주와 자연과 사람과의 사랑을 참 감동적인 이야기로 그렸는데 사진과 함께여서 더 특별했다.
이번 시집도 그녀의 심성과 작품세계를 모두 대표한다고 할 수도 있겠다. 그녀는 끔찍한 자식 사랑과 소중한 인연들과 지나온 삶을, 또한 자연과 사물을, 깊은 성찰과 자신만의 색깔로 줌인 시켜 정화된 가슴을 쏟아낸다.

인간이면 누구나 공통으로 느끼는 감정이듯이, 또한 그곳엔 그녀 나름의 어쩔 수 없는 어떤 외로움과 그리움 기쁨과 슬픔 회한이 내재되어 있으며 그녀는 그것을 극복하기 위해 시를 쓰기도 할 것이다. 특히 그녀는 로버트 브라우닝의 시 「사랑은(Once, only once and for one only)」 처럼 남편의 사랑을 세월이 지날수록 더 소중하게 여기며 애틋해한다.

"가장 아름다운 정서는 그리움"이라는 말이 생각난다. 그리움의 어원은 글과 그림의 합성어로 그 둘이 합쳐져 그리움이 된 것이라 한다. 마음을 기울여 종이에 무엇을 그릴 것인가가 문인들의 목표라면 그녀야말로 사진을 찍고 그림을 그리기에 더욱 정겨운 시를 써오고 있나보다. 재주 많은 조경화 시인의 필력이 더 깊어져서 큰 시인이 되기를 바라며 그녀의 가정에도 커다란 축복이 내리기를 바란다. ✍

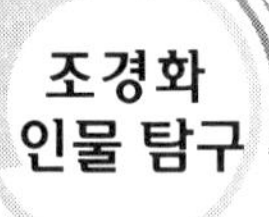

늘 열정의 불꽃을 피우는 시인

김 창 동
(소설가. 문학저널 발행인)

조경화 시인은 해맑게 웃는 모습으로 감성이 맑다.

시인으로 창작활동도 왕성하면서 틈틈이 풍광이 좋은 곳을 찾아다니며 사진작가의 모습도 보여준다. 그리고 그림도 열심히 그린다.

이번 문학저널 6월호 표지를 장식한 표지화도 조경화 시인의 작품으로 예술적 궤적을 분명하게 각인했다.

그런 모습이 참 아름다고 행복해 보이는 조경화 시인은 여러 단체에 소속되어 봉사하고 어울리며 사람과의 관계를 돈독히 해 나가는 인간성을 가지고 있어서 늘 바쁘고 많은 사람들이 그녀를 좋아한다.

자기가 하고 싶은 일을 하면서 사람들과 좋은 인연을 맺고 살아가는 것은 참으로 행복한 일이다.

그러면서도 시인으로서의 자기 성숙을 지속적으로 이루어 나가고 있다.

조경화 시인의 시는 생명력을 가지고 끝없이 무엇인가를 향해 비상하고 움직이는 염원이 담겨있다.

그래서 한 순간도 정지되어 있거나 멈추어 있지 않고 비상의 나래를 퍼득인다.
그리고 사물들과 교감하고 깨닫고 수용하면서 삶을 형성해가는 일련의 과정들을 반복하면서 아름다운 영적 세계를 구축하려는 것이다.
인연과 사랑의 영원성을 염원하지만 늘 인연과 사랑은 미완의 대상으로 삼아 공허를 주는 아쉬움에 가만히 숨죽여 소리 없이 흐느끼는 조경화의 시는 또 다른 새로운 소망을 낳는다. 그리고 살아온 지난날의 우매함을 후회하면서 새로운 미래의 세계로 자꾸만 비상하고 싶은 욕망은 자아실현의 동기로 부여되어 긍정적 작용을 하고 있다. 조경화 시인의 시는 삶을 아름답게 시현하려는 산호빛 꿈을 위해 시심에 깊이 침잠하여 매일 신열을 앓는다. 참으로 갈채를 보낼 일이다.

조경화 시인은 첫시집 『시간 속 풍경을 그리다』로 창작문학상을 수상하였으며 또 제2집 『탯줄 마르던 시간으로』 출간과 함께 2012년 1월에는 탁월한 작품성으로 대한민국불후명작상을 수상하는 쾌거를 이루었다. 그러는 동안 시의 유연성과 완성도가 높아져 과거의 시들과 차별화를 이루고 자기만의 독특하고 개성적인 시어들을 창조해내는 결과를 얻었다.
문학저널 6월호 권두시 신작모음에 발표된 시 "간절히" 외 14편의 시편들이 그것을 잘 입증해 주고 있다.

조경화 시인은 분노하거나 절규하는 관념적 시어를 가능하면 구사하지 않고 어딘가에 있을 이상향을 끝없이 탐색하면서 자아의 세계를 구축하려는 의지를 꺾지 않는다. 그래서 늘 영혼의 방황이 지속되고 있음이 시의 곳곳에 투영된 흔적이 각인되어 있다.

흘러가는 세월과 언젠가 죽음을 필연적으로 맞아야하는 인생에 대해 다소 공허하고 탄식적인 정서를 가지고 있으면서도 끝없이 아름답게 비상하여 자신이라는 존재에 대해 긍정적 궤적을 남기기 위해 늘 열정의 불꽃을 피우는 시인 조경화의 모습에서 주변 사람들은 활력을 느낀다. 인생을 아름답게 사는 사람과 함께 하는 시간은 언제나 즐겁다. 조경화 시인은 많은 사람들에게 즐거움을 주는 좋은 시인이다.

은은한 향기가 표출되는 그녀의 시처럼… ✍

– 『월간문학저널』 (2012. 6.) 특별 초대석

안시顔施의 시인

여 도 현

(시인. 양평문인협회 회장)

조경화 시인은 만날수록 따사롭고 포근하다.

세상을 살아가면서 부드러운 얼굴로 사람을 응대하는 것도 남에게 크게 보시하는 덕목일진대, 시詩 또한 내적 수행이 충일하고 마음을 비우고 바라본 세상을 청정하게 노래함으로 우리에게 잔잔한 감동의 울림으로 다가오게 한다.

따스한 숨결로
어여삐 놀다가자

가끔 투정부리며
서로 다독거리며
이 생 인연 끝나도록

너무 그리워
윤회의 수레에서 내리고 싶은

그런 사랑으로

—「당신」 전문

무한의 세계, 신묘한 우주의 자연 질서 속에 모든 것은 변하고 없어진다. 그 덧없는 무상, 무상함으로 삶은 아름답다. 우리는 위의 시에서 自由無碍한 직감의 시선으로 사물을 바라본 시인은 '어여삐 놀다가자', '투정도 부리며', '다독거리며' 놀다가자고 한다. 순수와 천진성이 실종되었고 따스한 숨결마저 오염 된 이 생生에서, 모두가 잊고 있는 일상의 작은 것들이 큰 것임을 일깨워 주고 있다 '윤회의 수레에서 내리고 싶은' 사랑은 어떠한 사랑일까.

조경화 시인이 꿈꾸는 그러한 사랑은 필경 "화엄"의 법계사상 즉 만다라의 세계를 구현하고자 함일 것이다.

바람이 운다
달빛도 휘엉휘엉 운다

잡히지 않던 절대
사나운 바람의 얼굴
억센 심장박동으로 휘몰아치던
바람을 봤다

어둠보다 더 어두운 세상을 업고
풍장 되어가는 신령들

새의 심장으로 꽃의 자궁으로
그 울음 흩어지며

그날 밤
저마다의 껍데기를 벗은 우주는
바람으로 환생하였다

—「바람이 운다」 전문

바람이 울고 달빛도 운다는 것은 울음 자체가 없다는 것이다. 시인이 울음 밖에서 본 것은 무엇일까. 아마도 우주 생명창조의 환희일 것이다.

허공에 바람 가는 곳은 바람 자신도 모르는데 휘영휘영 달의 울음소리까지 들을 수 있는 시인은 "구름은 하늘에 있고 물은 병속에 있다"는 平常의 마음을 갖추고 있음이 확실하다. 시인은 바람을 통하여 칼을 물고 뜀박질 하는 듯한 세상을 살이 있는 눈으로 성찰하고 있다. 지구와 우주, 이승과 저승의 경계를 넘나드는 경계인의 모습을 시에서나 일상에서도 느낄 수가 있다.

우리는 이러한 시인과 가까이 살아가고 있다는 것 자체가 봄과 같다.

봄빛은 많을 필요가 없듯이… ✍

조경화
시 평

느림의 미학

손 희 락
(시인. 평론가)

천천히
마음은 더 게으르게

내일 또 내일
짧아지는 생

이쯤에서는
집착을 벗어 가벼이

괜찮은
진짜로 살고 싶다.

— 「멍청한 자유」 전문

이 시를 음미하면서 더 게을러지고, 멍청해져야겠다는 다짐을 해본다.

화자의 표현대로 생은 점점 짧아지고 있는데, 아무리 버리고, 비워도, 진정한 자유를 노래하긴 어렵기 때문이다. 인간은 누구나 성을 쌓는다.

모래성을 쌓아 놓고 파수하느라 바쁜 약삭빠른 독자들에게 현재 시간이 몇 시 임을 알려주면서, "존재의 성찰"을 요구한다.

집착을 벗어버리는 일, 진짜 자기로 살아가는 일, "멍청해 질 때" 가능하다는 시적 표현이 기분좋게 와 닿는 것은 "느림의 미학"을 대변한 언어 취택 때문인 것 같다.

시에서 역설적 표현은 시 문장의 의미를 깊게 하면서 상상력을 자극한다. 화장기 없는 얼굴로 게으르고, 가볍고, 멍청하게 움직이려고 발버둥치는 조경화 시인의 모습이 시의 행간에서 포착된다. ✍

– 『계간문예』 (46호) 이 계절의 작품에서

그 삶의 진한 연가를 엿보며

이 늦 닢
(시 인)

가랑비 오는 날
유행가 가사 따라
기막힌 사랑하나 찾아왔다

달달한 멜로디로
부활하는 그대

비련의 열애
마지막 노랫가락 따라
또 가버리고

차마 못한 말
아직은 말할 수 없는 그 말
참 가난하다.

—「someday」 전문

언젠가는 기막힌 사랑 하나 네게도 찾아오겠지
그리고 그 아름다운 사랑 앞에서 이별도 하고,
이별의 상처도 아물겠지…

사랑이란, 종교와 국경과 인종을 불문하고 영혼이 하나가 되는 것이라고 생각한다. 생떽쥐베리의 말처럼 한 곳을 바라보는 것이고, 하지만 가슴 속 깊이 깃든다 해도 영원한 사랑이란 없는 건지 사람들은 사랑으로 인해 숱한 가슴앓이를 한다.

추적추적 내리는 비, 풍요로운 상상 속에 음악이 끝난다. 잠시 침묵으로 이어지는 순간 불타는 가슴과 황홀했던 날들, 고백하고 싶었던 많은 이야기들은 모두 사라지고 사랑의 빈자리만이 허공처럼 남았을 뿐…

그야말로 참 허탈하고 공허해 가난하다고 얘기 할 수밖에 없는 현실 앞에 가랑비는 아직도 그칠 줄 모르고 내리고 있다.

조경화 시인의 시 세계는 외로운 열정의 거울처럼 미워하지도 현실로부터 달아나지도 않는 현실의 구두를 신고 화자의 내면에 순응하는 법을 터득 중이다.

그것들이 직관이든 이미지를 통해서든 인간들이 살아가는 고독의 사막에 스스로가 단비이기를 꿈꾸는 것은 아닐는지. ✍

– 『착각의 시학』(2015. 여름호) 특집편

끝없는 자아실현의 道政

정 종 명
(소설가. 한국문인협회 이사장)

조경화 시인을 만나면 언제나 얼굴 가득히 웃음꽃이 피어 있고 행복한 표정이다. 이제 그 이유를 알 것 같다. 사람의 여러 욕구 중에서 자아실현의 욕구가 가장 상위 욕구인데, 그 욕구가 충족되면 사람은 행복하다고 느낀다.

조경화 시인은 그 자아실현을 위해 늘 새로운 것에 도전하고 비상하는 노력을 멈추지 않았다. 첫 시집 『시간 속 풍경을 그리다』에 이어 조경화 시인의 두 번째 시집 『탯줄 마르던 시간으로』의 출간이 이를 입증해 준다.

조경화 시인은 이번에 출간하는 시집을 위해 시의 주제에 맞게 직접 그림을 그리기도 하고 사진을 촬영하여 감성적인 분위기가 물씬한 시와 아름다운 색채의 작품들이 미적 조화를 이루어 냈다.

시인이 자신의 시집에 직접 그림을 그리고 사진을 촬영해서 예술적 조화를 이루어 낸다는 것은 아무나 할 수 있는 일이 아니다.

그것은 조경화 시인이 시인으로서 뿐만 아니라 평소에 화가로서 그리고 사진작가로서 활동한 경력의 소산이기 때문이다.

여러 장르의 예술에 재능과 감성을 두루 가지고 있다는 것은 대단한 축복이다. 그러나 그 감성과 재능을 조탁해내는 노력이 뒤따르지 않으면 화려하게 꽃을 피울 수가 없다.

부단한 노력과 몰입에 의해 성취된 자아실현은 참으로 값진 삶의 궤적이다. 그리고 그렇게 자신의 삶을 긍정적으로 발전시키고 창조하는 사람의 모습은 한없이 아름답다.

주로 불교적 정서와 사상이 짙은 시를 쓰는 조경화 시인은 일상에서 만나는 사람들과의 인연도 소중히 생각하지만 모든 물상들과의 인연도 소홀히 하지 않는다.

그래서 늘 타아(他我)를 배려하고 사랑하는 마음이 유별나며 아름다운 환생이 도래해 올 것을 염원한다.

그러한 염원에 연유하여 시집의 제목을 『탯줄 마르던 시간으로』로 명명했을 만큼 업(業)을 중요시 하는 조경화 시인이다.

그 염원이 이루어지기를 진심으로 바라며 두 번째 시집 출간을 진심으로 축하한다.

– 조경화 제2집 『탯줄 마르던 시간으로』 여는 글

발 문

삶의 근원적인 해법 찾기와 진실

김 송 배
(시인. 한국문인협회 부이사장)

다연 조경화 시인이 제3시집 『외발뛰기』를 상재한다. 첫 시집 『시간 속 풍경을 그리다』와 제2시집 『탯줄 마르던 시간으로』를 출간하고 그동안 시 창작에 몰두하여 다시 시집을 펴내게 되었다.

그의 시집은 모두 필자가 해설을 집필했는데 첫 시집에서는 「시간성 투영과 성찰의 해법」이란 제하(題下)에 '성찰의 해법 탐색과 인간의 다정다감한 정(情), 인본주의의 범주를 확인하는 데서 작품의 주제를 투영'하는 시법을 적시했으며 2시집에서는 「존재의 정관(靜觀)과 시적 진실」이란 제하에서 '내공의 진실을 이해하고 사랑과 영혼의 함수와 삶과 운명의 새로운 함수를 도입'하는 시법이 돋보였다고 해설한 바가 있다.

여기 이 시집에서도 역시 삶의 근원적인 문제를 해석하고 그 해법을 탐색하는 그의 진실을 이해할 수가 있는데 이는 그가 천착(穿鑿)하는 시적 소재나 시적 정황의 설정이 그의 삶과 직접적으로 상관성을 가지게 되기 때문에 그의 존재문제인 삶의 궤적(軌跡)과 재생된 상상력이 시적 창조로 승화한 것이다.

대체로 현대시가 포괄하는 주제들이 우리 인간의 존재 즉 삶에 관한 다양한 체험이 직간접적으로 수용되고 있기 때문에 그 의식의 흐름은 아무래도 자신이 선호하는 이미지와 표현으로 현현될 수밖에 없을 것이라는 추정이 가능해 진다.

삶의 마루에서
떨어지는 별똥별 하나
환생하듯 붙잡은 이름표
시인이라 걸어놓고
꿈틀대는 의식 육십령을 지나
하늘 나르고
바다를 건너
짝사랑 세상살이
어디로 가고 있는 걸까.

– 「숨 고르기」 전문

우선 이 작품에서 이해할 수 있는 것은 조경화 시인의 의식이 '삶'이라는 큰 범주(範疇)를 벗어나지 않는다는 점이다. 그가 구사하는 '삶의 마루'라든지 '환생'이라든지 '육십령'이라든지 '세상살이'라는 어소가 이 '삶'이라는 대전제를 탐색하면서 해석하는 시법으로 정리하고 있다. 그러나 '어디로 가고 있는 걸까'라는 어조는 아직도 불투명한 인생 해법에 대한 의문만이 남아 있어서 앞으로의 지향점을 명민(明敏)하게 적시하지 못하는 스스로의 성찰을 내포하고 있다고 할 수 있을 것이다.

유월 태양빛
꽃잎에 다녀간 바람 소리
식어가던 흙냄새
그것이 전부라 해도
아무것도
허락되지 않는 이승에서
삶이란 동그란 목줄 풀고
그대가 있었으면 좋겠다.

— 「건삶이」 전문

여기에서도 조경화 시인은 '삶이란 동그란 목줄'이 적시하는 이미지는 의미심장한 지향적인 호소이며 '좋겠다'라는 어조는 기원의식이 표출하는 내면의 탐구라고 할 수 있다. 이러한 '건삶이'는 그가 주(註)를 붙여서 설명해 놓았듯이 '마른 논을 갈아 흙을 보들하게 하는 것'처럼 삶의 행로가 순조롭게 진행하기를 염원하는 그의 사유의 정점이다.

그는 다시 '아무 것도/ 허락되지 않는 이승'이라는 공간을 설정하고 '유월 태양빛'과 '바람 소리' 그리고 '흙냄새' 등이 모두 삶의 일부이며 그것이 현재의 존재라 해도 '그대가 있었으면 좋겠다'는 진솔한 근원적인 진실을 현현하고 있어서 그가 여망하는 삶(존재)의 의미를 창출하는 기본요소가 되고 있다.

그는 이러한 '숨 고르기'나 '건삶이'와 같이 삶에 대한 집념은 남다르게 표출되고 있다. 가령 '때론 힘들고 어려운 삶의 줄타기 / 화두로 붙들고 살아가며 / 큰 사람 되라는 기원이다(「일무(一無)」 중에서)'라거나 '번쩍 / 삶의 본질을 꿰뚫는 지혜(「개 밥그릇에 별이 뜰 때」 중에서)' 그리고 '삶, 뭐였던 말로는 부족하다(「기억속 풍경들」 중에서)'는 등의 어조는 그가 존재를 통해서 획득한 자아의 현명한 정심(正心)의 요체가 무엇인가를 탐색하는 단계라고 할 수 있다.

현대시의 구성이나 주제의 투영은 인간의 문제 즉 '나'를 중심축에 설정하고 나의 삶과 연관된 상념에서부터 고차원의 형이상적(形而上的)인 정신세계에 까지 시적 승화나 가치관의 정립을 위한 다양한 노력과 실현을 상용화하는 경향을 자주 대하게 된다.

조경화 시인은 다시 '더는 꽃이 아니라 해도 / 꿋꿋이 버텨준 삶의 본질 / 몇 십 년(「뿌리」 중에서)', '허공에 엇갈리며 / 질기게 붙던 삶의 집착(「건들바람」 중에서)', '삶의 마루에서 이제부터 보호자가 바뀌었다 (「무들로 28번지 연가」 중에서)'라는 등의 어조가 그가 구현하려는 삶과의 화해를 위한 시적 진실이 여실(如實)하게 나타나고 있다.

여기에 당신이 있다

모래가 되어버린 사막처럼 시간이
뭉치지도 흩어지지도 못하는
서걱서걱 무방비 처절한 외로움들이
가끔씩 햇살 아래 모였다가 흩어지는
아우성 물결치는 매일
이승의 삶이란 그런 거.

—「빈집」 전문

그렇다. 조경화 시인이 궁극적으로 성찰하는 내면에는 '생'을 위한 복합적인 요인들을 시를 통해서 융합하거나 용해하는 시적 원류가 용암으로 흐르고 있다. 그러나 그의 '이승의 삶'이란 단정은 '처절한 외로움들이' 시간과 동시에 '아우성'인 '빈집'에 남아 있다. 이것이 그가 창조한 시의 위의(威儀)이며 본령이다.

그는 어쩔 수 없는 서정성을 주안점으로 진행하는 서정의 본질을 이탈하지 않는다. 그는 특히 자연 서정에서도 인간의 생의 본질과 대입시키거나 교감하는 형식으로 해법을 찾고 있는데 '어쩌다가/허랑한 번개 치면/오르르 그대가 끓어 넘치고/시린 속내(「안개비」 중에서)'라거나 '봄비 내리던/그 밤/초록물들이 연서에 아무렇지 않은 듯/분홍 입술자국 남기고 갔다(「사월은」 중에서)'라는 등의 어조는 바로 자연현상과 시간성이 동시에 어우러지는 서정적 발현이다.

조경화 시인의 작품들은 대체로 존재와 성찰과 서정성이라고 일차적으로 단정하지만 그에게서 놓칠 수 없는 백미(白眉)의 작품이 있다. 이는 그가 구현하려는 다변적인 시적 소재나 주제의 향방이 삶과 괴리(乖離)될 수 없는 실재(實在)의 형상에서 그가 추구하는 불성(佛性)을 배제할 수 없다는 사실이다.

그는 작품「법문 한 자락」전문에서 '마음이 부처라 했다 / 하아 / 부끄러운 껍데기가 가렵다 // 인연의 꽃밭에서 / 숱한 부처와 노닐어도 / 빈 손 // 어느 새벽 하늘가 / 구름이 고개 숙이고 / 합장하는 작은 풀벌레 / 허어 // 미련한 중생아 / 여기가 극락인 것을.'이라는 '법문'이 교훈으로 메시지가 전해지고 있어서 그가 삶에서 지향적으로 적용시킨 정신세계의 정점이라고 할 수 있다. 이것이 그의 돈독한 불심(佛心)의 표상이다.

조경화 시인은 이번 3시집에서도 어쩔 수 없이 자아를 통한 성찰의 해법과 내공의 진실의 이해를 병합(倂合)해서 '삶'의 현실적인 갈등과 고뇌의 조화를 탐색하는 깊은 철학적인 해법을 적시하고 있어서 시는 인생비평이란 매슈 아널드의 논지를 적절하게 이행하는 시법이 설득력 있게 공감을 유로하고 있다.

제3시집 발간을 진심으로 축하한다. ✍

— 조경화 제3시집『외발뛰기』발문(跋文)

조경화 제4시집

봄눈 녹듯

1판 1쇄 인쇄 / 2017년 5월 25일
1판 1쇄 발행 / 2017년 5월 30일

지은이 / 조경화
펴낸이 / 김송배
펴낸곳 / 도서출판 시원
등 록 / 2000.10.20. 제312-2000-000047호
03701. 서울시 서대문구 연희로 11사길 16-4
전 화 : 010-3797-8188
E-mail : siwonbook@hanmail.net

찍은곳 / 신광종합출판인쇄

ISBN 978-89-93830-25-5 03810

값 / 10,000원